© 2010, Editorial Corimbo por la edición en español
Avda. Pla del Vent 56, 08970 Sant Joan Despí, Barcelona
e-mail : corimbo@corimbo.es
www.corimbo.es
Traducción al español de Rafafel Ros
1ª edición marzo 2010
© 2010, l'école des loisirs, París
Título de la edición original: «Bande de cochons!»
Impreso en Francia por Pollina, Luçon
ISBN : 978-84-8470-370-9

Mireille d'Allancé

¡ Cochinos !

Corimbo

Es la hora del postre. Papá lee el periódico.
Rafa coge un yogur y se sube al taburete.
—¿Preparado? Atrápalo, Juan.
—¡Deteneos! —grita Carlota—, es mi yogur.
Demasiado tarde, el yogur sale volando.

Papá levanta los ojos del periódico.
—Pero ¿ qué haces, estás mal de la cabeza ?
—No he sido yo —dice Juan—,
ha sido Rafa que no tiene puntería.

Papá mira la mesa: ¡Qué desastre!

Entonces se levanta y ordena:
—¡Haced el favor de limpiar esto,
pandilla de cochinos!

De repente…

Tres cerditos observan a Papá
con los ojos de par en par.
—¡Caramba!—dice Papá.
—Groing—dicen los cerditos.
Y, dando un brinco,
salen de la cocina.

—¡Volved ahora mismo!
—les grita Papá.
Pero los cerditos no le escuchan.
Se escapan por el jardín
aplastando, al pasar, las lechugas
de la señora Smith.

—Unas lechugas tan tiernas, ¡fíjese!
—protesta la señora Smith.
—Más tarde —dice Papá.
Pero la señora Smith agarra a Papá por el jersey.
Entonces Papá le dice:
—¡Déjeme en paz, vieja cabra!
De repente…

—Beee, beee —dice la señora Smith.
Pero Papá ya está lejos. Corre para atrapar a los cerditos
que han desaparecido en el bosque…

Los tres cerditos están
contentos porque han encontrado
un charco de barro. No se dan
cuenta de que el lobo les observa
escondido en la espesura.

¡Y hop! Los hace prisioneros.

—¡Detente!—grita Papá, que llega exhausto.
El lobo intenta huir, pero el saco pesa demasiado.

De un salto, Papá lo atrapa y ¡catacrac!
Garrotazo en la cabeza

—Ya está —dice Papá—, ya podéis salir.
Pero no se mueve nada en el saco.

—Rafa, Carlota, Juan,
queridos hijos, contestadme
—suplica Papá.

De repente…

—¡Papá, Papá! —gritan los niños.
—Mirad, tenemos visita —dice Juan.

—¡Beee! —dice la cabra.
—¡Oh! —exclama Papá—,
señora Smith, querida vecina.
De repente…

—Por esta vez, os perdono
—dice la señora Smith—,
pero mis lechugas no se enderezarán solas.
—Lo arreglaremos —dice Papá—.
Rafa y Juan son excelentes jardineros.

—Y nosotros vamos a recoger
la cocina antes de que llegue Mamá.

Cuando Mamá llega de comprar, se queda asombrada:
la cocina nunca había estado tan limpia y recogida.

—Te lo explicaré —dice Papá—. Me he comportado como un asno…
—¡Papá, no! —grita Carlota. Pero demasiado tarde…

—No te preocupes, Mamá, podemos hacerle
volver cuando queramos.
—¡Ah, bueno! No le quedan mal estas orejas
tan grandes. ¿ Lo dejamos así ?